我能管好我自己

漫畫小學生
人際管理

我能管好我自己：漫画小学生社交管理

文・圖／讀書堂

人物介紹

戚小風

性格開朗但有時調皮搗蛋，自詡聰明卻時常犯錯的「小屁孩」，沒有時間觀念，經常遲到，喜歡和家長「頂嘴」，但善良正直，喜歡幫助別人。

苗小花

個子不高有點兒瘦小的短髮女孩，和戚小風從小一起長大。成績好、乖巧懂事，是老師和父母眼中的好學生、好孩子，但有的時候有些敏感、慢熱、不擅長社交。

熊博士

戚小風父母和苗小花父母的朋友，智力超群尤其擅長兒童教育，是孩子們眼中「無所不知」的人，富有親和力，經常幫助孩子們解決生活中遇到的各類難題。

前 言

　　什麼是人際關係？簡單來說，就是我們每天和其他人交往或相處的各種活動，它無時無刻都在發生，是我們日常生活中最普遍的活動。

　　為什麼有的人可以侃侃而談，有的人卻總是沉默寡言？為什麼有的人好友成群，而有的人總是獨來獨往？

　　其實人際關係是有學習方法的，掌握人際關係的方法後，你可以慢慢拉近與他人的距離，讓你輕鬆融入團體。

　　本書藉由漫畫的方式，幫助你瞭解人際關係上的各種情境。書中的苗小花和戚小風是一對從小一起長大的好朋友，「樂天派」的戚小風是名副其實的人際關係小博士，敏感內向的苗小花則因為害羞而不擅長交際。開學後他們在班上認識憨厚熱情的轉學生張小壯，兩個人有哪些截然不同的反應？他們如何結交新朋友呢？

三十四則漫畫小故事包涵家庭、學校、社會等各類場景中的人際互動，帶你認識不同的人際關係情境，更有貼心的「熊博士」為你科學分析人際小妙招，幫你消除人際關係的恐懼，輕鬆學會人際關係新技能。

　　培根曾說過：「友誼讓歡樂倍增、悲痛銳減。」我們每個人都需要朋友，也渴望交到志趣相投的朋友。當你勇敢走進陌生的團體中，就會發現朋友其實就在你身邊。懂得人際關係的人不一定是開朗的人，但一定擁有積極、包容的心態。

　　希望你看過這本書後開始練習看看，勇敢踏出第一步是提升人際互動最重要的步驟。祝福你能愉快的建立一座與他人緊密互動的人際橋樑，擁有良好的人際關係，對成長來說是長期的助力，因為成功的管理人際關係在人生中可以長久維持，更能成為未來的人際關係的基礎。

目錄

第一章　　　我要變成人際關係小博士

1 什麼是人際關係呢？　　　　　　　　　　012

2 人際關係不只是認識新朋友　　　　　　　016

3 為什麼我們需要人際關係？　　　　　　　020

第二章　　　邁出第一步，我先主動開始

1 如何主動和別人打招呼？　　　　　　　　　026

2 將心比心的態度與對方交談　　　　　　　　030

3 我要擴展新的人際關係網　　　　　　　　　034

4 整潔的服裝儀容是人際關係的入場券　　　　038

5 用心的自我介紹增加成功的第一步　　　　　042

6 有禮貌的坦率說出真心話　　　　　　　　　046

第三章　　　拓展人際關係時，有些事情要留意

① 體貼對方的狀態　　　　　　　　052

② 團體規則要遵守　　　　　　　　056

③ 呈現真實的自己　　　　　　　　060

④ 犯錯要主動道歉　　　　　　　　064

⑤ 感謝幫助你的人　　　　　　　　068

第四章　　　人際關係小博士，我能做得更好

① 懂得分享　　　　　　　　　　　074

② 虛心接受批評和建議　　　　　　078

③ 學會安慰和鼓勵他人　　　　　　082

④ 幫助有困難的人　　　　　　　　086

⑤ 釋出善意，練習和孤單的人交友　090

⑥ 扮演好團體中領導或合作的角色　094

⑦ 學會拒絕的技巧　　　　　　　　098

第五章　　　遇到人際關係的困擾要如何處理呢？

① 如何克服緊張的心理？　　　　　104

② 如何和新朋友相處？　　　　　　108

③ 如何化解吵架的尷尬？　　　　　112

④ 如何和關係尷尬的人相處？　　　116

⑤ 如何跟冷漠的人破冰？　　　　　120

第六章　　　和大人的人際關係，該注意什麼？

1 父母是最值得信任的人　126

2 尊敬師長，做個有禮貌的孩子　130

3 在學校遇到困難，老師可以幫忙　134

4 在校外有問題，辨識可以求助的人　138

5 珍惜我們所擁有的疼愛和照顧　142

第七章　　　人際關係當中的自我保護

1 如何面對別人的嘲笑？　148

2 如何拒絕陌生人的邀請？　152

3 如果遇到壞人該怎麼辦？　156

第一章

我要變成人際關係小博士

什麼是人際關係呢？

和新同學可以講什麼好呢？

「唉！」小花嘆了口氣坐在座位上，漫不經心地看著攤在面前的課本，卻一個字都看不進去。小花將目光移到正有說有笑的小壯和小風身上，看到他們你一言我一語愉快地交談著，小花有點羨慕的想著：和新同學可以講什麼好呢？到底該怎麼做才能像小風那樣很快認識新朋友呢？

一分鐘漫畫

昨天的動畫節目你有看嗎？

還沒！昨天播出什麼？

要怎麼加入呢？

▶▶無處不在的人際關係

簡單來說，人際關係指的就是和他人交往、相處的各種活動，在我們的日常生活中，人際關係無處不在。譬如在早上賴床被媽媽罵的時候，或是遲到被老師處罰時，還有和好朋友們一起玩耍時，這些都是各種的人際關係哦。

▶▶ 每個人的人際關係能力是不同的

有些人開朗外向，和陌生人主動說話不覺得害羞，就算得不到回應他們也會一笑而過；有些人內向怕生，別說主動和別人說話了，就算別人主動來搭話，他們也會不知所措。

玩具特賣會，請參考看看！

請給我一張特賣廣告單吧！

▶▶平日多練習社交技巧

擅長人際關係可以讓我們認識更多的朋友，除了自我成長也可以讓大人放心，我們可以透過人際間的交談和互動獲得更多知識。所以我們要重視這個能力，生活中把握機會不斷練習社交技巧。

自我管理我最棒

　　社交技巧說起來容易做起來難，不過學會人際關係的知識與技巧是非常重要的事。我想要多認識朋友、和大家一起玩與學習，讓老師和父母可以更放心，所以我要學會這些相關知識、社交技巧，成為人際關係小博士。

人際筆記

2 人際關係不只是認識新朋友

「小風，你的朋友真多啊！我也要學會社交技巧，認識更多朋友！」看著小風一路上跟很多同學打招呼，小花羨慕地說。「哈哈，小花你過獎啦！不過人際關係可不僅僅是交朋友哦！其實我們和朋友的爭吵，或是和家長、老師以及其他大人們的互動等等，這些都算是人際關係呢！所以我們一定要學會如何善用人際關係，這很重要！」小風回答。

熊博士有話說

認識朋友只是人際關係的開始。

▶▶ 認識朋友只是人際關係的開始

　　成功認識新朋友後，朋友們在相處過程中會經歷合作、競爭、吵架、溝通等各式各樣的狀況，而這些全部加起來才是完整的人際關係。

▶▶ 除了和朋友，還有和大人們的人際關係

　　除了和朋友的人際關係，和老師、父母等長輩的互動也是常見的人際關係。平時我們從師長身上學習知識，並在他們的關心和照顧下慢慢長大。所以我們要學會如何和大人們相處，首先第一步是做個有禮貌的孩子。

小花，趕快去洗臉刷牙，要來吃早餐了。

媽媽，早安！

中秋節快樂！這個送你！

哇！謝謝小風！

▶▶ 買東西和送禮物也是人際關係

　　除了平時的言語關心，提供物質的關懷也屬於人際關係的一部分。譬如遇到節日時準備禮物給親朋好友，這也是一種人際關係。不過我們現在還沒有經濟能力時，買禮物都要先和大人討論過喔！

自我管理我最棒

　　人際關係不只是認識新朋友，和人們的各種互動都可以稱為人際關係。不管對象是大人還是小朋友，不管是物質或語言的關心互動，還是面對面甚至透過網路或電話，這些互動全都是人際關係的一種。

人際筆記

3 爲什麼我們需要人際關係？

因為人際關係可以幫助我們的團體生活過得更好。

為什麼我們需要人際關係呢？

在放學回家的路上，小花突然問小風「為什麼我們需要人際關係呢？明明有的時候一個人可以更輕鬆，不是嗎？」小風回答小花說：「以前我也問過爸爸這個問題，爸爸告訴我每個人都要學會人際關係，因為人際關係可以幫助我們的團體生活過得更好。」

小風，很厲害呀！跑得真快！

▶▶ 我們因爲人際關係，可以變得更好

人際關係可以帶給我們成長！

我們的生活中處處存在人際關係，但是我們很少會去思考人際關係帶給我們的成長進步。師長傳授的教誨、親友分享的快樂，都是我們寶貴的財富，這些養分的根本來自於人際關係。

▶▶ 思考人際關係的其他意義

人際關係中具有幫助彼此成長的力量，平時我們待人處事若抱持樂於助人的態度，那麼每個人都能互動、互助，得到雙倍的快樂和進步，日積月累的正向循環後，整個社會環境都能一起變得更好！

有試著思考過人際關係的其他意義嗎？

自我管理我最棒

在人際關係之中，可以幫助人們去發現自己的優缺點，還能學習到新知識，藉由人際關係的互助合作，團隊合作可以完成更多事情。人際關係還可以豐富物質和精神生活，而且每個人在人際關係裡得到的進步和自信，最終會提升整體社會的發展。原來人際關係這麼重要呀！我一定要努力成為人際關係小博士！

第二章

邁出第一步，
我先主動開始

 如何主動和別人打招呼？

　　小風一早走進教室，就充滿精神的和同學打招呼：「早安！」大家也微笑回應：「小風，早安！」小花羨慕的看著並同時心想，小風這麼擅長打招呼，也許我可以和他請教。小花想起早上在校門口，本來想主動和小壯打招呼，但卻失敗了，應該要怎麼做呢？

▶▶想得太多之後，變成不敢主動打招呼

要說什麼好呢？
如果他不理我，
就太尷尬了！

　　其實打招呼有時候可以輕鬆的開啟話題，它是關心和重視對方的一種態度，只要拿出真心的問候，順著當下情境的話題就可以了，不用刻意去找。如果沒得到對方的回應，完全不用覺得尷尬或氣餒，因為很有可能只是對方也很害羞而已，趕快開始試著鼓起勇氣主動打招呼吧！

▶▶如何提高打招呼的成功率

　　打招呼要拿出有感情的態度哦！因為我們的語氣、動作，尤其表情都會讓對方感受到誠意，平常就試著以微笑、揮手和點頭來開始打招呼吧！

好啊！
謝謝找我！

我們一起去
吃午餐吧！

▶▶要用禮貌的態度打招呼

　　我們在和別人打招呼的時候，要用禮貌的方式。可以先試著說「你好！」來開始，說話時要看著對方的眼睛。如果對方站在原地，要停下腳步，保持至少一隻手臂長的距離。如果要從背後叫對方，要先說「不好意思！」來讓對方注意到，其中特別要注意，千萬不要隨便接觸對方的身體喔！

請不要隨便
接觸對方的
身體喔！

自我管理我最棒

　　其實打招呼可以很簡單，我們首先要做的是克服害羞的心理，再來就是主動、開朗且禮貌的對話而已。其實雙方不熟悉時都會緊張，對方可能也只是因為害羞而不敢開口。如果雙方持續害羞下去，那不就失去認識新朋友的機會了嗎？試著鼓起勇氣打招呼吧！雙方都會得到友情，還能鍛煉人際關係的能力！

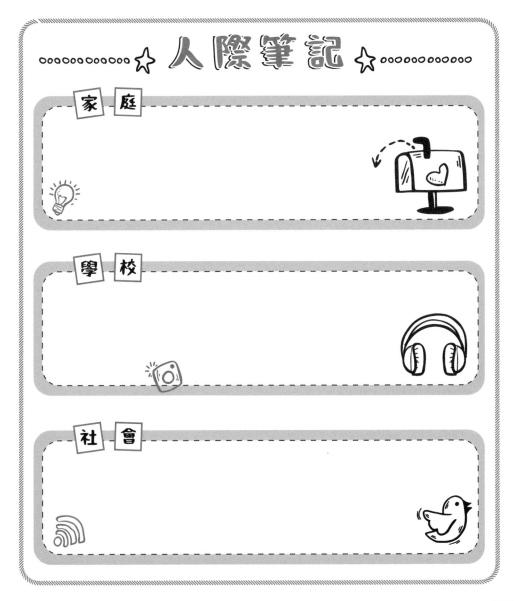

人際筆記

家庭

學校

社會

將心比心的態度與對方交談

　　小風和小壯正坐在教室裡一起聊天，一位同學走到他們身邊，對他們打招呼說：「早安！」小壯當下只顧著和小風說話，看都不看同學一眼。小風則是抬頭回應：「早安！」同學有些尷尬地對小風笑了笑，就回自己的座位了。小風嚴肅地對小壯說：「剛才有同學和你打招呼，你應該積極回應他才對呀！怎麼不理他呢？」小壯害羞地說：「可是我和他不熟啊！」

▶▶ 不論是否熟悉的同學都要回應對方

如果因為不熟悉就不回應，那就很難認識新朋友了！

　　每個人認識新朋友，都是從陌生開始的。所以要靠對話來瞭解對方、熟悉彼此，最後才會變成朋友！所以請記得收起害羞的心喔！

▶▶ 沒有話題不要怕尷尬

　　不用預先擔心沒話題而感到尷尬，當雙方都開口後，話題就會慢慢在對談中冒出來，只要放輕鬆的對話就可以了。

不用預先擔心沒話題，開口之後就有話題了。

▶▶ 積極回應是禮貌的態度

積極回應是一種禮貌的態度。

　　如果有聽到對方在說話卻故意無視他，那是非常不禮貌的行為。無論對象是師長、親友、同學，我們都要積極的回應對方，那是最基本的禮貌態度哦！

自我管理我最棒

　　將心比心的換位思考，當我們鼓起勇氣主動開口時，要克服害羞的心理。所以有同學主動向我們說話時，請想到對方其實也是鼓起勇氣的心情，我們要為了這份心意而積極回應。所以請記得不論熟不熟的同學，我們都要積極且禮貌的回應！

人際筆記

3 我要擴展新的人際關係

小壯看著操場上的同學正在踢足球，心想好久沒踢球了，真想跟他們一起玩。可是小壯才剛轉學過來，同學的名字都還記不清楚，要怎麼做才能加入他們呢？小花在不遠處剛好看到小壯，立刻猜到他心中的想法，因此打算伸出援手，試著幫助他加入。

035

▶▶ 大膽問問看，不要害怕被拒絕

大膽問問看，勇敢表達想加入，別怕被拒絕！

　　當你想加入新團體時，可能會遇到不希望增加新人的成員，當這樣的成員占團體中的多數時，你難免會被拒絕。但不用為此感到尷尬或難過，這是很正常的事情！你可以繼續尋找下一個想要加入的團體，總會有一個歡迎你且適合你的團體。

▶▶ 找領導者表達意願，效率更好

　　任何團體都有領導者，通常領導者擁有決定權，所以試著找領導者討論能不能加入團體，或許效率會更好。但也要記得尊重其他團體成員的意見喔！

從今天起，小花也是圖書社的一員了。

▶▶ 自我介紹擅長的工作，得到大家的認可

大家知道我擅長守門之後，對我好熱情啊！

　　想加入新團體是因為你對這個團體正在做的事感興趣，甚至這件事是你擅長的。如果此時你在自我介紹中表達出這一點團體成員就較容易接受並歡迎你的加入。

自我管理我最棒

　　加入新團體和主動開口一樣，都需要努力克服緊張和害羞的心理，而且一定要試著表達清楚自己的意願；如果不說出來，對方永遠也不會知道我們的想法。試著先讓領導者知道意願，並且在適當的時機在團體成員前自我介紹擅長的事，順利加入新團體的機會就能增加。

人際筆記

4 整潔的服裝儀容是人際關係的入場券

為什麼同學的媽媽都喜歡找小花呢？

開家長會的這天，老師安排小花和小風來為家長們帶路。小花用心的先去剪了個俐落的髮型，並且請媽媽幫忙一起把制服熨燙平整，第二天服裝儀容整齊地來上學。小風卻因為不小心睡過頭，慌慌張張地來到學校，不只頭髮亂翹、衣服也皺巴巴。等家長們陸續來到學校後，小風發現大部分家長都主動向小花詢問座位在哪裡，自己卻都沒人來尋求協助。小風心裡有點羨慕，開始思考自己哪裡做得不夠好。

您好，歡迎光臨！請問有需要我服務的地方嗎？

你好，我想辦信用卡。

好的，請來這邊。

▶▶服裝儀容決定了別人對你的第一印象

第一印象很重要啊！

當你剛認識一個人時，通常會從對方的服裝儀容來形成第一印象。清爽俐落的服裝儀容會讓人產生良好的第一印象，讓對方更願意和你展開進一步的接觸和交流。

▶▶ 注意服裝儀容不等於過度打扮

乾淨整齊就是最好的打扮，頭髮梳好、穿戴整齊，加上正常作息來保持活力，這就是注意服裝儀容的訣竅。對於還是孩子的我們來說，重心要放在學習。過度打扮會讓我們不專心，所以不建議以化妝來打造第一印象喔！

媽媽，您可以教我化妝嗎？

小花，注意服裝儀容不等於過度打扮喔！

自我管理我最棒

　　我現在明白了服裝儀容的重要性，除了充滿精神可以提升學習力，還讓人易於親近和喜歡。大家都喜歡接近印象好的人啊！好印象能幫助我們更接近成功的人際關係。我也知道重心要放在學習，過度打扮會讓我們不專心，所以不建議以化妝來打造第一印象喔！

人際筆記

5 用心的自我介紹 增加成功的第一步

快教教我，要怎麼自我介紹才清楚呢？

安啦！交給我來吧！

　　小壯轉學來的那天，因為太緊張，所以在全班面前緊張到一個字都說不出來，開學一段時間後也只有和小風、小花比較熟。因此老師安排小壯再做一次自我介紹，讓更多同學可以認識他。小壯知道要再次自我介紹後開始緊張，於是向小風和小花求助，想要學會如何清楚的自我介紹。

一分鐘漫畫

▶▶ 自我介紹是讓對方加深印象的機會

原來小壯也喜歡下象棋啊！

喜歡下象棋……

　　自我介紹的目的是讓初見面的人建立基本的瞭解，這樣方便彼此找到共同話題和興趣，降低發生衝突、增進友誼。自我介紹的內容通常包括姓名、興趣、家庭狀況等。

▶▶ 自我介紹要簡潔明瞭、清晰流暢

　　自我介紹不是只有說自己的名字而已，但也不用長篇大論哦！介紹時應該把你的資料整理得簡單、清楚，內容的先後順序也要安排好。而且講話時聲音要清晰洪亮，讓對方能聽得清楚。

自我介紹要簡短清楚。

幽默的介紹自己，可以加深對方的印象。

▶▶ 幽默是自我介紹成功的小竅門

　　在自我介紹時，如果能加一點幽默的小故事，更能吸引對方的注意，並且增加對你的印象，後續的互動可以增加很多有趣的話題。

自我管理我最棒

　　今天我學會了，有效果的自我介紹應該簡潔明瞭，這樣可以讓對方增加對我的認識，並且能讓我們迅速找到彼此共同的興趣。如果自我介紹很幽默，還可以讓對方加深第一印象。好好運用自我介紹的功能，就能更順利地認識新朋友！

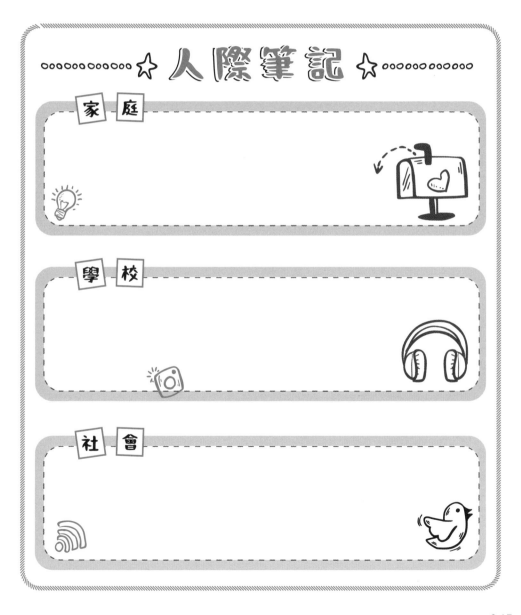

有禮貌的坦率說出真心話

當然要說出來啊！表達真實想法是非常重要的事情。

如果在團體裡你有想法或意見，你會直接說嗎？

　　「唉……」小花在座位上，輕輕地嘆了口氣。「小花，你怎麼啦？有心事嗎？」小風發現小花的情緒低落，於是關心的問。「小風，我想問你。」小花看向小風接著說：「如果在一個團體裡，你有些想法和意見，你會說出來嗎？」小風毫不猶豫回答：「當然要說出來啊！表達真實想法是非常重要的事情。」

我們放學一起去發邀請函吧？

好啊！

圖書社招募新人，歡迎加入我們！

熊博士有話說

▶▶ 團體中有不同的意見很正常

> 我想去吃冰淇淋！

> 我想去看體育用品！

　　每個人都有自己的喜好，因為每個人的個性和經歷不同，各自思考的觀點也不一樣，因此團體中有不同意見是非常正常的現象，不要覺得自己和他人想法不同是奇怪的事情。

▶▶ 勇敢說出來，對方才有機會理解你

　　世上沒有讀心術，當你什麼都不說的時候，其他人怎麼知道你心裡真實想法呢？所以一定要勇敢說出來，別人才有機會理解你，才有可能參考你的意見做出你希望的調整。

> 我們點這個，如何？

> 青椒披薩

> 不好意思！我不敢吃青椒！

▶▶ 先肯定對方的想法，以緩和氣氛

> 你為了可以招募更多新人，我們都懂你的用心，可是……

　　在提出意見時，其他成員可能會產生被否定的難過，甚至產生抗拒的心理。為了減少爭吵，我們可以在提出意見前先肯定對方的想法或努力，先緩和氣氛，並且照顧到對方的心情。

▶▶ 提出有效的建議可以幫助進展更多

比起直接否定別人的想法，在提出反對意見的同時提供有效的建議，會讓對方覺得你是經過仔細思考後才提出的，就更容易接受你提供的建議。

自我管理我最棒

有想法就不要憋著，應該勇敢地說出來！為什麼呢？首先，有話憋著不說會讓人感到煩惱，說出來會輕鬆很多。而且如果不說出來，對方永遠不會知道我們在想什麼，意見也就永遠沒有機會被別人認可啦！只要注意表達意見的方法，要學會先肯定別人的想法來緩和氣氛，同時最好能在提出意見後給出合理的方案或建議。

人際筆記

第三章

拓展人際關係時，
有些事情要留意

體貼對方的狀態

一到放學時間，小花和圖書社同學又在校門口發邀請函了。因為一直沒有新人加入，也沒人拿邀請函，突然一位圖書社的同學拉住一位正要離開的男同學說：「同學你好，耽誤你一點時間，好嗎？」這位男同學緊張回答：「對不起，我要趕快回家！」另外一位圖書社同學看到後靠近一起遊說：「不會很久，好嗎？」讓男同學感到非常為難。社長看到這一幕後，立刻走過來對兩位社員說：「你們兩個不能這樣，我們招募不能影響別人！」

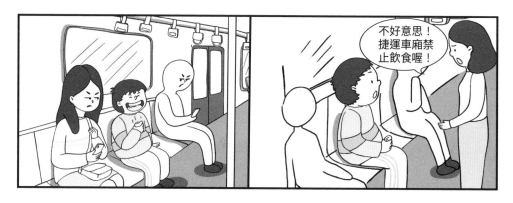

> 老師看起來很忙，我晚點再過來吧！

▶▶要懂得觀察

　　每個人都有自己的每日進度要做，當別人正在忙的時候，突然去打擾對方是沒替對方著想的行為。減少打擾的方法是要學會觀察，先觀察然後判斷對方的狀態，如果對方看起來有空，再試著詢問當下是否方便。

▶▶ 換位思考是體貼的小訣竅

　　也許有時我們會覺得這只是一個習慣的行為，認為對方的不滿是無理取鬧。其實這時我們只要試著換位思考，如果換成自己處於同樣的狀況，會不會也感到不滿呢？換個角度去試想，通常就能夠理解和體諒對方提出的建議了。

> 我不應該在捷運車廂內吃東西。

> 明天中午我們一起去練習足球，好不好？

> 好啊！我前一天早點睡！

▶▶事先約定是禮儀的竅門

　　如果我們突然的邀請對方，很可能會打亂對方原有的計畫，不知不覺就影響到對方。所以我們要記得提前和對方說，對方才方便事先安排好自己的事情，等約定的時間到了，再依約前往就不會造成對方困擾啦！

自我管理我最棒

　　進行人際互動時特別要注意儘量不打擾對方，畢竟每個人都有自己的時間安排。我們去詢問對方的時候要先觀察，或是提早先詢問。如果偶爾不小心影響到對方也許會被包容，但是如果總是影響到對方，會讓人際關係無法維持下去喔！

人際筆記

2 團體規則要遵守

今天是學校的校外教學日，老師規定全班要穿制服。一大早大家都穿著制服來集合，結果小壯竟然穿便服，同學看到都很驚訝。老師問：「小壯，校外教學怎麼沒穿制服？」小壯笑嘻嘻地回答說：「出去玩還是穿便服才好看啊！」老師聽了有點生氣的對小壯說：「團體規則是大家必須一起遵守的喔！」

孟子說：「不以規矩，不能成方圓。」

▶▶ 不以規矩，不能成方圓

世界上有數十億人，如果沒有規定來規範大家，很快就會亂成一團。為了彼此能夠有安穩的生活環境，眾人都應該讓遵守規矩變成習慣。

▶▶ 不遵守團體規則，會不容易融入團體

只有遵守團體規則，團體才能有彼此共好的環境。如果有人總是不遵守規則，那麼他一定會對其他人造成困擾，久而久之可能會不容易融入團體。

上次你故意推倒同學犯規，我們要考慮一下。

一起來練習足球吧！

▶▶ 團體規則是活潑彈性的彼此溝通

當然可以！

沒問題！

我等下要幫老師整理書，請問今天可以讓我先打飯嗎？

當你有特別的情況，不得不違反團體規則時，可以試著詢問對方意見。大家都有遇到困難的時候，將心比心後通常會答應你的請求。不過因為每個人想法不同，可以事先做好心理準備，如果被拒絕也是正常的哦！

　　大家都遵守團體規則，才能維持今天這樣和諧的社會環境。我們雖然年紀還小，也一定要自我提醒時時遵守團體規則，才能利人利己。當然如果遇到急事需要變通時，可以試著詢問他人的意見，通常合理的狀況下，大家會很願意彈性通融。

人際筆記

呈現真實的自己

我想起第一次見面的你，一個人坐在沙發上不講話的樣子，我當時以為你是很文靜的個性。

哈哈哈！

　　這個週末小風到小花的家玩，兩人一起玩積木玩得非常開心。小花不禁回想起兒時第一次和小風見面的情景，當時小風怕自己太熱情、好動的個性不被大家喜歡，所以故意裝成乖巧、文靜的模樣，卻沒想到真實的自己反而更讓大家喜歡。

小風和平時在家裡時很不一樣，今天真安靜啊！

叔叔、阿姨好，我是小風。

叔叔和阿姨應該不喜歡我太熱情、太好動吧！

真實的個性、真心的相處，大家更喜歡！

▶▶ 假裝的形象無法持長久

　　每個人的習慣和個性都是經過長時間養成的，如果用假裝的形象來面對別人，時間久了不僅容易露出破綻，自己也會假裝到很累哦！

▶▶ 每個人都不一樣，喜好都不同

　　每個人看待他人的個性和行為都有自己的習慣與觀點，喜好就會不一樣。有些人喜歡活潑開朗的人、有些人喜歡文靜內斂的人。所以無論你是什麼樣的個性，都會有人喜歡你的個性，因此請試著勇敢展現自己真實的一面吧！

小風這孩子活潑好動，真是聰明！

小花這孩子乖巧懂事，真是貼心！

自我管理我最棒

　　如果為了讓別人喜歡，而刻意假裝出對方喜歡的樣子，這樣所建立的關係遲早會因為虛假的形象被揭穿而結束。所以還是自在展示真實的自己會更好，這樣才能從一開始就認識互有好感、相互信任的好朋友。

犯錯要主動道歉

　　小風又闖禍了，這次他把一條毛毛蟲偷藏在小花的鉛筆盒裡，結果小花被嚇得在上課時間尖叫。小花氣到完全不想理小風，而小風雖然覺得自己可能玩笑開過頭了，但又覺得只是開玩笑而已，小花為什麼這麼生氣呢？所以也一直不向小花道歉。這一切被小壯看在眼裡，他覺得應該要幫助兩位重要的朋友和好。

一分鐘漫畫

▶▶ 對方生氣了，就要道歉

> 只是弄亂你的頭髮，要這麼生氣嗎？

　　朋友之間有時候會互相開小玩笑，如果是無傷大雅的玩笑，通常是因為關係好才能這麼做。但是如果對方已經生氣了，那就表示我們玩笑開的過火了。雖然有時候我們會覺得沒什麼大不了的，但那是因為我們不是被捉弄的那方，所以無法理解對方的困擾。

▶▶ 不要逃避和找藉口，這樣解決不了問題

　　做錯事的時候，大家可能會覺得心虛和害怕被責罵。如果我們選擇逃避，假裝一切都沒發生過，想讓時間來沖淡一切的話，這樣不僅無法解決雙方的困擾和尷尬，而且時間久了，即使忘記當初的感受，但是愧疚感也會一直掛在我們心上，成為彼此隱形的壓力。

> 應該過幾天他就忘了吧？就先不管了……

▶▶ 真誠道歉，是勇敢的表現

> 對不起！我不該開玩笑弄亂你的頭髮！

> 沒關係，我不在意了！

　　承認錯誤的確需要勇氣，但是真誠道歉是勇敢的表現。反而若是做錯了不承認，久而久之我們會失去很多朋友。如果真的沒勇氣當面道歉，也可以試著選擇用寫信或者其他方式來道歉。

自我管理我最棒

　　知錯能改善莫大焉，這是從小我們學習的做人道理之一。今天我明白了勇於認錯的重要，為了珍惜彼此的友誼，我如果犯錯了應該勇敢承認錯誤，並且立刻用合適的方式向對方道歉。

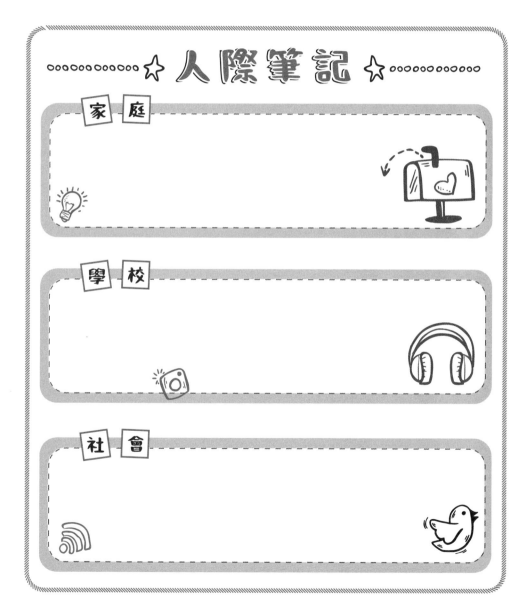

☆ 人際筆記 ☆

家庭

學校

社會

5 感謝幫助你的人

新學期的課本送來了，為了方便發給全班同學，老師請小風、小花和班級幹部一起來幫忙整理，但是到中午都還沒整理完，於是小壯主動幫老師和幾位同學買午餐。老師剛好在忙，就告訴小壯說：「先放旁邊吧！」小壯把食物放在桌上後就出去了。小風看到後趕快停下手中的工作，快步追上小壯並對他說：「謝謝小壯！要不是你幫忙，我們中午就要餓肚子啦！」小壯笑著說：「不要客氣啦！你們整理課本才辛苦呢！」

一分鐘漫畫

▶▶ 助人不求回報，答謝則是禮貌

表達謝意是人際間很重要的禮節。

　　當我們發現對方需要幫助時，通常都不會要求對方的報答，這是我們從小養成的品格。但是如果對方對你說了「謝謝」，你一定會感到很開心、很有成就感，所以我們可以知道向對方道謝是非常重要的禮節。

▶▶ 不論哪個階段的我們「謝謝」總是掛嘴邊

　　答謝別人並不只是年幼孩子該做的事情，不管是老師還是父母，所有人都會在得到幫助時，真誠感謝出手相助的人。

小風，謝謝你幫媽媽跑腿！

▶▶ 道謝可以讓善意傳遞下去

小妹妹，謝謝你扶我過馬路！

助人的感覺真好，我還要保持助人的習慣！

　　向幫助你的人道謝，是對他們出手相助這個行為的肯定和鼓勵。被肯定與鼓勵的人，在今後還會更願意繼續幫助別人，讓善意傳遞下去，世界更美好！

自我管理我最棒

　　道謝看起來只是一件微不足道的事，原來有這麼大的影響力。我今天學到了，我們一定要感謝那些幫助我們的人，我們不只讓禮貌和品德可以更好，又能讓對方從此更願意幫助別人，還能鼓勵到幫助我們的人，一起將善意傳遞給更多的人。

人際筆記

第四章

人際關係小博士，
我能做得更好

懂得分享

　　到了午餐時間，小風、小花和小壯和平時一樣一起吃飯。小壯打開便當盒後對小風和小花說：「你們要不要吃吃看我媽媽的拿手菜：紅燒雞塊？」小花笑著說：「小壯，謝謝你！可是這分量看起來只夠你吃耶！」小壯毫不在意地搖搖手說：「我少吃幾口沒關係，因為好吃所以要一起分享嘛！我很喜歡所以想跟你們分享！」小風笑著說：「那我們就不客氣啦！看起來就好好吃啊！」

▶▶好東西和人分享讓你更受歡迎

謝謝！

　　如果有好東西時，願意和朋友分享，這樣會讓對方認為你是一個大方、好相處的人，可以不知不覺的加深朋友之間的友誼哦！

▶▶ 善意的美好循環，分享的快樂互動

　　當你經常和朋友分享自己的東西時，朋友也會願意和你分享他們的東西。互相分享可以讓大家都享受到更多不同的好東西，豐富彼此的生活，讓善意的美好持續循環。

今天我們一起吃糖醋排骨！

▶▶好心情也是可以分享的

小風，圖書館有新書喔！

真的嗎？太棒了！你有推薦的書嗎？

　　有好消息給你帶來好心情時，也可以和你的朋友分享喜悅。也許你會覺得你的喜悅對方可能不懂，怕他們覺得你小題大做，不過請試著想想看：當你的朋友高興的和你分享他的喜悅時，你也會跟著他高興，因為分享可以讓快樂好心情傳遞唷！

自我管理我最棒

分享不但可以讓雙方都得到快樂，還可以加深友誼。我們可以分享的東西不僅僅有好吃的、好喝的、好玩的，還有我們的快樂，一起試著體會分享的快樂吧！

人際筆記

2 虛心接受批評和建議

　　體育課時小風和隔壁班的同學吵起來了，體育老師及時制止了他們，趕來的班導把小風帶回辦公室並生氣地告訴他，不應該這樣和別人爭吵。小風內心非常不服氣，心想：明明就是對方的錯，為什麼只罵我？

▶▶ 虛心接受批評

被罵不丟臉，記取錯誤不再犯更重要！

當我們被罵的時候，最重要的是要清楚了解自己為什麼被罵，不對的地方在哪裡。只要我們虛心接受指教，迅速修正自己的錯誤，那麼以後就不會在同樣的地方跌倒啦！

▶▶ 責罵不代表偏見，反而是代表重視

也許有時會覺得責罵我們的人是對自己有偏見，但通常並非如此。願意花時間指正我們的人，不但能夠發現更能告訴我們可以修改的地方，正是因為對方關心我們才願意這麼做，不是嗎？

罵你是希望你意識到自己不對的地方。

▶▶ 被冤枉了要怎麼做？

媽媽正在氣頭上，我晚點再解釋吧！

說過多少次了！家裡是跑步的地方嗎？

被冤枉的時候，我們都會覺得不服氣，都想要為自己辯解。但是如果雙方都很激動，辯解很可能會演變成爭吵，而爭吵是解決不了問題的。所以最好的做法是我們先退讓一步，等雙方都冷靜後，再心平氣和地向對方解釋。

自我管理我最棒

　　面對責罵和建議，我們試著發現其中的道理，不需要因此沮喪，甚至失去自信。我們虛心接受指正，勇於承認問題所在，並且立即修正，這樣對我們來說就成為我們成長的養分啦！要記得如果被冤枉時，當下爭吵是沒有幫助的，需要要雙方都冷靜下來，心平氣和地說明才是最好的解決方法。

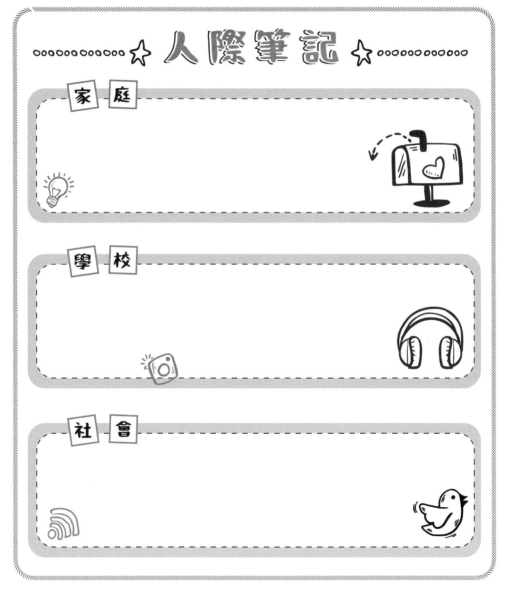

☆ 人際筆記 ☆

家庭

學校

社會

3 學會安慰和鼓勵他人

小花有些沮喪，曾經獲得寫作比賽優秀獎的她，沒想到竟然在上個月的初賽落選了。小風看到她這個樣子，安慰小花說：「老師不是教過我們，失敗是成功之母嗎？小花，你其實已經很棒啦！只要從這次失敗中汲取經驗，下一次一定會做得更好的！」小花聽到小風的安慰和鼓勵，心情感覺好多了。

▶▶ 安慰別人要留意合適的語言

安慰別人要留意合適的語言喔！

安慰別人的時候不要用責備和調侃的語氣，這樣容易讓對方更傷心，甚至對你產生敵意。通常人在失敗和受傷的時候，最需要的是溫柔的關懷和鼓勵，所以一定要留意合適的語言。

▶▶ 可以試著轉移對方的注意力

當人在失落的情緒中時，如果可以試著將對方的注意力轉移到別的東西上，這樣可以讓對方暫時擺脫煩惱，慢慢冷靜下來。通常用對方感興趣的事物，效果會比較好哦！

陪小花來到書店，果然幫忙她轉移注意了！

新書上市

▶▶ 鼓勵他人時可以加上肢體語言

小風，好棒！

我們的鼓勵不限口頭的語言而已，肢體語言也可以加強表達你的意思。當你試著鼓勵他人時，請記得要大方地說出來、動起來。同時讓你的肢體語言和口頭語言一起表達你的鼓勵和讚賞，對方一定可以感受到。

自我管理我最棒

　　朋友之間需要相互扶持與照顧，我們如果可以在對方遇到挫折時安慰對方，並在成長的道路上彼此鼓勵，會讓雙方一起進步更多。安慰的時候一定要記得合適的語言和方法，再加上大方的表達方式，就可以讓對方知道自己並不孤單。

人際筆記

4 幫助有困難的人

　　小花正準備上樓梯，突然看到老師正抱著一疊書小心翼翼地走著。小花心想著是不是要去幫老師拿一些，但又有些不好意思，怕自己是不是太多管閒事了。還在猶豫的時候，突然看到小風快步走上前對老師說：「老師，我來幫忙！」老師笑著對小風說：「好啊！謝謝小風，那你幫我拿一部分吧。」

▶▶「多管閒事」是好事，不要害羞

幫助他人是好事，不要害羞！

　　當人們遇到困難時，如果能得到對方伸出援手，通常會感到非常開心，並且懷抱著感激之情。所以幫助別人這樣善意的舉動，是值得稱讚的行為，並不需要害羞喔！

▶▶ 偶爾態度稍微強硬一點也可以

　　就像我們前面學到的，人際關係大部分應該盡量不影響對方，如果要請對方幫忙或多或少會影響到他們原本的行程，所以我們通常因此而婉轉謝絕他人的幫助，但這並不代表人們不需要互相幫助。因此當對方需要幫助時，我們如果可以用稍微強硬一點的態度出手相助，把「需要幫忙嗎？」改成「我來幫你！」是可以試試看的方法喔！

媽媽，就讓我來吧！

小風，你真的長大了！

▶▶ 對方拒絕你不是對你的否定

謝謝小風，這個爸爸還可以喔！

　　人遇到的麻煩有大有小，有時候是真的不需要別人幫忙，所以會有被婉轉拒絕善意的時候，但是這並不代表被否定，只是對方真的不需要麻煩他人而已。請不用因為被拒絕而感到害羞，記得要繼續保持善意，下次看見有困難的人一樣要大方伸出援手哦！

自我管理我最棒

　　團體中互相幫助是很常見的人際關係，也是人與人之間促進友誼的方法之一。遇到有困難的人，我要勇敢主動地伸出援手，不用害怕被拒絕，更不用因為被拒絕而感到害羞。

5 釋出善意，
練習和孤單的人交友

　　小花最近注意到班上有一位孤單的同學，並不是小花以前故意無視她，而是因為她一向沉默寡言，再加上總是獨來獨往，和班上的其他同學也沒什麼交流。小花遠遠地看著坐在座位上的這位同學，小花想試著和她接觸，但心裡有各式各樣的擔憂：她一直這樣獨來獨往，會不會是不想和別人交朋友呢？我如果直接去和她打招呼，會不會讓她反感呢？

熊·博·士·有·話·說

▶▶ 拋開偏見，嘗試開始互動

孤單有很多原因，不代表對方是孤僻的人！

　　一個人孤單並不代表他個性孤僻，不喜歡和人接觸，通常很可能只是因為他比較內向，還沒有找到合適的團體加入。試著與孤單的人互動，這也是一種表達善意的舉動，大家不會因此排擠你。請記得要拋開偏見，敞開心胸和孤單的人接觸。

▶▶ 面對內向的人，節奏可以由你來掌控

　　性格內向的人通常會比較被動，在和這種性格的人互動時，你可以主動一些，掌握整體節奏，帶著他做各種事情，慢慢地互相熟悉。

請放心，大家人都很好喔！

圖書館

▶▶ 要熱情，但不能勉強對方

我們不可以勉強她！

為我們彈奏一曲吧！

　　對於孤單的人，我們可以用我們的熱情去溫暖他，讓他願意和我們開始互動，漸漸敞開心扉和我們做朋友。請一定要記住，不能勉強對方，那會讓彼此關係變得非常緊張和不自在哦！

自我管理我最棒

　　孤單的人總會有的，這些人很可能是暫時沒找到適合他們的團體。我們要試著拋開偏見和他們互動，如果能幫他們找到自在相處的團體，讓他們從此不再孤單，那就太好了！

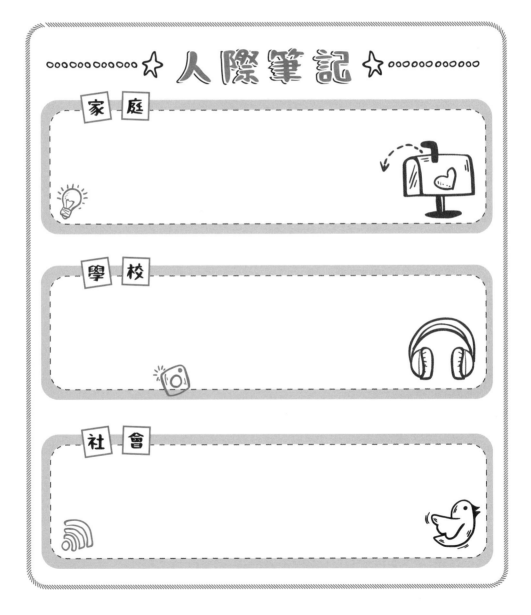

6 扮演好團體中領導或合作的角色

學校舉辦足球比賽，作為班上公認「足球小子」的小風，被大家選為隊長，負責安排出場的球員和戰術安排。但是在比賽過程中球員們踢得很辛苦，還不見了兩顆球。有一位隊員跳出來懷疑小風的領導能力，開始頻繁提出他的意見，希望小風聽他的建議。而小風卻認為自己是隊長，隊員就應該服從隊長的安排。兩個人你言我一語的互不相讓，竟然在賽場上吵了起來。

一分鐘漫畫

▶▶ 領導者要積極聽取成員的意見

你的建議給我很多靈感,謝謝!

領導者並不是「權力在手,什麼都是我說了算」。優秀領導者要善於聽取成員們的意見,並且把有益的內容提煉出來,運用在團隊裡。

▶▶ 對成員的肯定可以有效地激勵他們

當團隊遇到困難時,領導者要記得給團隊成員加油打氣。對成員的優點大方給予肯定,這樣可以有效鼓勵對方,激發他們繼續努力的能量。

包在我身上!

你的守門技巧很好,接下來就麻煩你了!

▶▶ 既然選擇領導者來帶領就要配合

小風果真很擅長足球,選他當隊長真是太好了!

既然選擇了領導者,就應該配合他的指揮,這樣才能有一個團結、高效率的團隊。如果每個人都想按自己的想法去做,那這個團隊就亂成一團啦!

自我管理我最棒

　　如果我是領導者，我應該認真多聽取成員的意見，並且在他們遇到困難時鼓勵他們，給他們帶來希望；如果我是團隊的一員，那麼我就應該相信團隊的領導者，聽從他的指揮，並且在自己力所能及的範圍內配合他，一起努力讓團隊更好。

人際筆記

學會拒絕的技巧

小花今天需要早點回家，因為媽媽感冒在家休息，爸爸又剛好出差不在，所以小花要幫忙準備晚餐。沒想到正在收拾書包的時候，老師走過來對她說：「小花，你可以幫老師整理一下作業簿嗎？」小花想到自己其實需要早點回家幫忙準備晚餐，但是又不好意思拒絕老師的請求，所以硬著頭皮勉強答應。

熊博士有話說

其實我還沒看完，但是不答應借給他的話，會不會讓他覺得我很小氣……

▶▶ **拒絕是很正常的，不用有壓力**

我們幫助或配合別人，通常是出於善意，但這並不代表我們不能拒絕別人。當我們有更急、更重要的事要做的時候，優先處理重要的事而去拒絕其他人的請求是正常的，不用有壓力哦！

▶▶ **解釋清楚原因，別人不會怪你的**

不用猶豫，把最真實的原因直接說出來，只要表達出你是心有餘而力不足，通常都會被理解的。

老師，不好意思！我家裡有事，今天要先回家，所以不能幫忙。

▶▶ **表達歉意或是提供替代方案**

當我們因故拒絕別人的請求時，要讓對方感受到我們的歉意。如果有能力的話，可以試著提供替代的解決方案就更好了，這樣能更充分地說明我們是真的很關心對方。

我請小風幫忙老師整理作業簿，可以嗎？

自我管理我最棒

當別人向我們求助的時候，如果我們有急事而不得不拒絕他們，心裡總會很過意不去，這是人之常情。我們只要真誠地說出拒絕的原因，並且讓對方感受到我們的誠意，對方是不會怪你的。如果勉強答應或是什麼都答應，反而可能會耽誤自己更重要的事情，那就本末倒置啦！

人際筆記

第五章

遇到人際關係的困擾
要如何處理呢？

如何克服緊張的心理？

小風，你有沒有克服緊張的方法呢？

我分享幾個辦法，讓你試試看吧！

　　一年一度的植樹節到了，學校以班級為單位讓學生到戶外植樹。每個班級的班幹部都被集合起來，作為聯絡人幫忙老師維持秩序。第一次面對這麼多的同學，小花心理非常緊張。小花雖然感覺自己在人際關係上已有一些進步，但和不熟的人打交道時，仍無法擺脫緊張的心理，因此小花再次請教好朋友小風，希望能學習到克服緊張的方法。

一分鐘漫畫

首先，可以先深呼吸，讓身體放鬆後再來打招呼。

常用的句子是「你好，請問需要幫忙嗎？」

再來，可以將場合中常用的句子記在心裡。

105

熊博士有話說

▶▶ 根據情境，提前想好要說的話

> 如果看到有同學吵架了，你會怎麼做呢？

　　當我們因為緊張而不擅長和別人交流時，要懂得慢慢來比較快，多做一些事前準備，就能漸漸遊刃有餘了。試著預想場景，然後提前想好要說什麼，到時候就不會因為緊張而說不出話啦！

▶▶ 在鏡子前多練習幾次，給自己信心

　　在對自己的表情和肢體語言沒信心的時候，面對鏡子練習能有效地發現自己的問題所在，並在不斷的練習中獲得自信。

▶▶ 如果沒做好，學會反省並鼓勵自己

> 這次活動我累積了很多寶貴經驗！

　　失敗是成功之母——我們從失敗中學習經驗，並且自我鼓勵，就一定能夠提升自己的人際關係能力。隨著能力逐漸提高，你的自信心也會跟著增加，便能漸漸消除緊張的心理。

自我管理我最棒

　　緊張是正常的，但是面對問題我不能逃避，反而應該為了做得更好而不斷地鍛煉自己，從失敗中吸取教訓。並且大方給予自我鼓勵，再接再厲、永不放棄，慢慢的建立自信，相信很快就能跟緊張說再見啦！

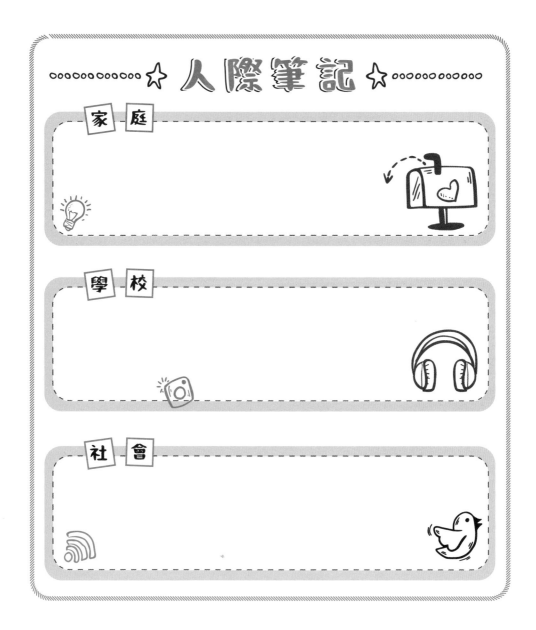

如何和新朋友相處？

我有時候喜歡自己一個人獨處，不想和人互動。

這是一個需要正視的狀況，你別因此灰心，這也是很正常的現象。

　　小花最近的煩惱是她突然意識到，自己雖然比以前擅長人際交流了，但其實內心還是不喜歡和其他人相處。小花隱約感覺這樣下去不是太好，因此決定試著和小風聊聊這個煩惱。

一分鐘漫畫

我不擅長丟沙包，那我就不去囉！

小花，我們一起去丟沙包吧！

不好意思，我已經有約啦！

小花，我們一起去吃午餐吧！

跟他們其實不熟，感覺相處不自在，所以我不想去！

小花，我們一起去逛逛吧！

好啊，等我收拾一下喔！

小花，我剛剛看你拒絕了好幾次其他人的邀約，怎麼我們約你就輕鬆答應了呢？

因為我們很熟，所以沒什麼好猶豫的！

你是不是覺得和其他人相處會緊張，沒有共同興趣不容易有共同話題呢？

真的嗎？快告訴我為什麼！

你上次說不喜歡和其他人相處，我知道原因了！

嗯……好像就是這樣。

你這是因為依賴熟悉的人，所以變成不喜歡和其他不熟的人互動。

那我該怎麼辦呢？

放心，你本來就不用接受所有的邀請，選你有興趣的參加就可以囉！

▶▶ 不喜歡和不熟的人相處可能是嫌麻煩

> 我和她們不太熟悉，一起吃飯很容易緊張。

　　和交集不多的人相處的時候，因為相互瞭解較少，免不了尷尬和緊張，這是很正常的。相信很多小朋友都是因此而打退堂鼓，不願意和不熟悉的人相處，因為和已經很熟悉的朋友相處當然不會有這種問題啦！

▶▶ 不喜歡和不熟的人相處也許是因爲沒有共同興趣

　　當大家有共同的興趣愛好的時候，就更容易有共同語言，從而能夠通過討論都感興趣的內容，迅速拉近彼此之間的距離。如果沒有共同的愛好，相處時找話題就會變得更加困難。

> 我和她們的愛好完全不同，在一起都不知道聊什麼。

▶▶ 獨立也有獨立的好

> 這個素材很棒，可以用到作文裡。

　　和別人相處很重要，我們的確要儘量多交朋友。但如果你可以調適，並且能在獨自活動的過程中得到很好的收穫，這也是獨立能力的表現，可以讓你更清楚地察覺到自己的優點。

自我管理我最棒

　　人都會怕麻煩，所以我們會有意無意地避免和不熟的人相處，如果只是偶爾的話，那是正常的狀況；但如果除了最要好的朋友之外誰都不接觸，那就要留意了。為了讓自己和別人相處變得自在，我們需要多和興趣相投的人互動，或者多學習、增加視野和嗜好。其實喜歡獨立行動也不是壞事，因為獨立的人往往能冷靜地觀察到更多。

人際筆記

3 如何化解吵架的尷尬？

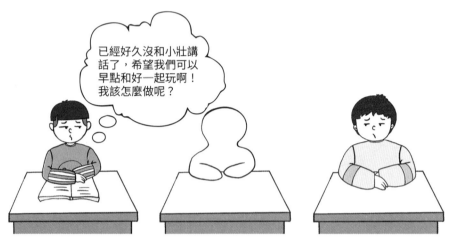

已經好久沒和小壯講話了，希望我們可以早點和好一起玩啊！我該怎麼做呢？

小風和小壯已經一個星期不講話了，起因是小壯偷抄了小風的作業，結果兩個人都被老師罵了。小風事後大聲責怪了小壯，讓小壯覺得小風太小氣，於是兩個人不歡而散。小風覺得自己沒有錯所以不想先開口，但是小壯是很好的朋友，還是希望彼此能早點和好。小壯則是自知理虧，所以憋著不講話，其實早就想向小風道歉，卻不知怎麼開口才好。

一分鐘漫畫

雖然我沒有做錯事，但我想早點和好，要怎麼做才好呢？

是我不對在先，還故意憋著不講話，小風會接受我的道歉嗎？

熊・博・士・有・話・說

> 這次就算了，下不為例喔！

> 小花，真的很抱歉！

▶▶想要和好，試著從說出來開始

　　人與人最簡單的交流方式——請直接說出你的真實想法，只要你真誠的說給對方聽，通常對方都會願意和你和好的。畢竟生氣的情緒是短暫的，請記得和好後要好好珍惜彼此之間的緣分喔！

▶▶ 退一步海闊天空

　　如果是自己做錯了，承認錯誤的確需要勇氣，而且還會擔心對方是否願意原諒，因此理虧的人反而會患得患失，不敢輕易開口和解。這個時候沒有做錯的一方，可以試著主動開口，緩解對方的緊張感和愧疚感。

> 如果對方不好意思，你可以試著主動。

▶▶誰可以「裝作沒發生」？

> 上次的事情你還沒有道歉，要裝作沒發生嗎？

> 我們一起去踢球吧！

　　「裝作沒發生」的確是一種和解的方法，但是要先清楚這個方法應該由誰來用。如果是自己理虧，我們就應該直接向對方道歉，請對方原諒，否則對方感受不到我們的誠意。如果是對方理虧，我們裝作沒發生則可以讓對方心存感激，自然就會和好啦！

自我管理我最棒

　　如果和朋友吵架了，想要和好如初，最好的方法就是面對面說出來。小小矛盾怎麼能破壞我們的友誼呢？大方地先退一步，給對方臺階下，並且巧妙運用「裝作沒發生」的方法，就可以輕鬆達成和朋友和好如初。

如何和關係尷尬的人相處？

小風和班上幾位同學的關係尷尬，平時沒什麼交集的時候，倒也相安無事。沒想到老師突然安排小風和兩位跟他關係尷尬的同學一起，共同負責校慶籌備的事，這讓小花為小風捏了一把冷汗。小風看到小花擔心的樣子，笑著說：「你不用擔心我，這點小事我應付得來！」

> 算了，他朋友太多！

▶▶ 關係尷尬可能是彼此不了解

有時候你會不會發現看起來關係尷尬的人，其實只是因為一些可笑的誤會，卻因此以為對方不喜歡自己。事實上人際之間這樣的情況還不少，所以如果遇到和你關係尷尬的人，請試著和對方說說話，就很有可能消除誤以為存在的誤會喔！

▶▶ 不瞭解對方，關係就會尷尬

如果互相不瞭解，心裡多少會有些顧忌，擔心沒有共同的興趣而無話可聊，變成尷尬的場面。因此請試著主動去瞭解對方，這是解決關係尷尬的方法之一喔！要記得提醒自己，因為我們不是對方，所以請不要擅自猜測對方的想法，應該試著去問本人，就能破除雙方的尷尬局面。

> 他喜歡運動，我和他肯定沒有共同話題，我還是自己看書好了。

> 總有人不喜歡我，這也是沒辦法的事，不能因此消沉！

▶▶ 什麼樣的人都有，調整好自己的心態

在這個世界上，很難有什麼人會被所有人喜愛。無論你是什麼樣的個性，總會有喜歡你和討厭你的人，不要因為有人討厭你而對自己喪失信心，要記得調整好自己的心態，因為這世界就是因此才豐富美妙。

自我管理我最棒

　　每個人都希望自己和身邊的人關係融洽，如果遇到和自己關係尷尬的人時，要試著想辦法相互瞭解，消除可能存在的誤會，就能逐漸改善雙方的關係，慢慢試著成為朋友。如果我們遇到無論如何都不喜歡自己的人時，也不要沮喪喔！因為一個人不可能被所有人接納，調整好自己的心態，修正自己的問題，維持自己的優點，做好自己原來的樣子就可以了！

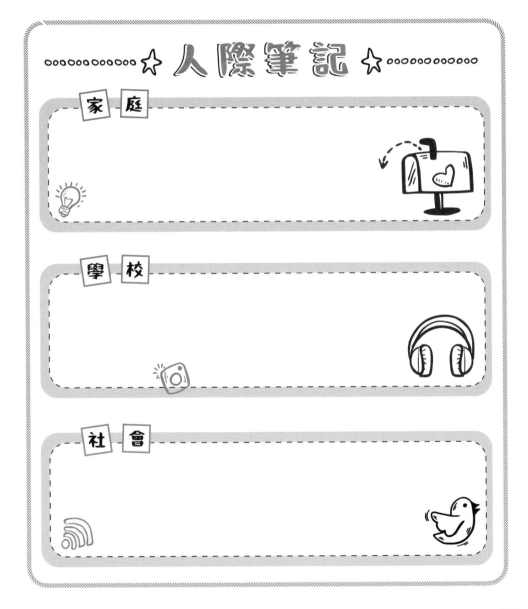

5 如何跟冷漠的人破冰？

小風知道一位高年級的學長踢足球的技術非常好，但是學長看上去不好接近。小風有好幾次看到他在踢球，都想過去向他請教一下，還想和他交個朋友，但是又覺得學長看起來是個冷漠的人，不知道該怎麼和學長互動。於是，這次換小風來找小花商量了。

▶▶ 找對方感興趣的話題來聊天

學長，你喜歡哪一支球隊啊？

　　冷漠的人較少主動開啟話題，這個時候很容易造成對話冷場。不過沒關係，我們可以試著承擔起這個責任，只要我們找到對方感興趣的話題，就可以輕鬆地和對方聊天了！

▶▶ 冷漠可能只是表像

　　有些人表面看上去冷漠，但實際上是非常熱情的。有些人很擅長某一件事，大家因此都很尊敬他，因此會不好意思和他主動說話，才會造成看起來他很冷漠的假象喔！所以我們要試著鼓起勇氣先開口，也許就可以看到對方真實的一面！

學長原來是這麼熱情健談的人！

我喜歡…

自我管理我最棒

　　和看起來冷漠的人初次開口，的確需要一些勇氣，但是我們只要學會找出適合的機會，巧妙地運用共同話題，就有可能跟看起來冷漠的人交朋友啦！

第六章

和大人的人際關係，
該注意什麼？

1 父母是最值得信任的人

我怕爸爸、媽媽罵我，也怕他們擔心，所以我就沒說。

你的腳看起來很嚴重，怎麼不去看醫生呢？

　　小風在踢足球時摔了一跤，右腳應該是扭傷了，連腳踝都腫起來了。但是因為害怕爸爸、媽媽責備，甚至擔心會被禁止踢足球，所以小風受傷後都裝作若無其事的樣子，但是這幾天腳腫得很嚴重也很痛。小花看到這狀況被嚇了一跳，關心的詢問他怎麼會沒有和爸爸、媽媽說。

你的腳要去看醫生啦！再這樣下去會更嚴重！

自己處理不了的事，一定要開口向父母求助，什麼都不說會變成更難處理的問題！

我知道了！

其實我只要通知爸媽，他們會在我受傷的第一時間來接我的！

▶▶ 父母是我們求助的第一人選

在這個世上，爸爸、媽媽是最關心、最疼愛我們的人。只要我們開口，他們一定會盡全力幫助我們走出困境。所以要記得如果遇到困難，一定要先向爸爸、媽媽求助。

▶▶ 如果處理不了，要請求協助

我們慢慢長大了，所以開始懂得儘量不讓爸爸、媽媽為我們擔心。但是我們如果真的遇到處理不了的事，還是要儘早告訴父母；否則拖得越久，可能後果越嚴重。

你不告訴父母，這樣叔叔、阿姨會更擔心的！

我知道了，以後有事情我會說的！

▶▶ 信任父母，也能保有個人小秘密

信任父母，也還是可以有一點心裡的小秘密喔！

我們相信父母，當遇到無法自己處理的困難會主動尋求他們的幫助，這是親子良好的信任關係。即使如此，我們還是可以保有一些小秘密，只要不會因此造成什麼問題，有一點小祕密藏在心裡是正常的！這表示我們已經逐漸獨立和成熟囉！

自我管理我最棒

我們漸漸長大了，開始有自己的想法，但是有時候會遇到一些比較困難的事情，我們還是需要爸爸、媽媽的幫助。父母是我們人生中的第一位老師，也是我們最信任的人。所以隨著我們慢慢長大，我們可以學會判斷哪些事要及時向父母求助，練習辨別哪些事情該說、哪些事情不用說，這樣我們就會成長的更好。

人際筆記

2 尊敬師長，做個有禮貌的孩子

> 氣象預報明天是雨天，爺爺、奶奶出門要小心路滑喔！

> 謝謝小花記得我們，爺爺、奶奶好高興啊！

　　小花正在給爺爺、奶奶打電話，因為最近沒回去看爺爺、奶奶，小花很想他們。爺爺、奶奶接到小花的電話，高興得合不攏嘴，他們拿著電話電話笑呵呵地和寶貝孫女聊著天。而小花的同學小銘卻和她相反，不僅很少主動關心別人，長輩和他說話也很少回應。

> ✓ 小花，路上小心喔！

> 媽媽，我上學囉！

> ✗ 要出門啦？路上小心！

老師、長輩、比我們先學習的人都算是師長喔！

▶▶認識師長的範圍

　　這裡的「師長」不是軍棋裡大家經常看到的師長，「師」指的是老師，「長」指的是長輩。無論是家裡的長輩還是陌生的長者我們都要尊重，比我們先學習的人都可以視為我們的師長。

▶▶認識基本的禮貌行為

　　我們遇到老師和長輩時，要主動問好；搭乘大眾交通工具時，遇到有需求的人要記得主動讓座。簡單來說，如果我們可以替對方著想，就是基本的禮貌行為。

老師好！

自我管理我最棒

　　每個人如果可以多替對方著想一點，多禮讓、多開口、多關心，那我們的社會就能夠更加溫暖，生活其中的每個人也能更幸福。

人際筆記

3 在學校遇到困難，老師可以幫忙

你們冷靜啊！

看來我們勸不了，還是趕快去找老師來幫忙吧！

　　小壯和班上另一位同學起了爭執，兩人互不相讓，眼看越吵越大聲。小風和小花想勸他們冷靜，但是根本勸不住他們。小花想到這時候應該要找老師來幫忙，於是快步向辦公室走去。

一分鐘漫畫

他們在哪裡？

老師，班上有同學在吵架，勸不了他們只好麻煩老師了！

你們兩個有什麼事情，先冷靜下來！

熊博士有話說

> 在學校有任何問題，都可以和老師詢問。

▶▶ 老師就像燈塔指引我們方向

當我們遇到困難，或者有什麼我們無法解決的問題發生時，我們應該第一時間找老師幫忙。因為在學校學習的時間，爸爸、媽媽可能無法及時幫助我們，所以可以試著詢問老師喔！

▶▶ 有問題時找老師請教是很正常的事

我們可以試著向老師請教，無論是學習上、還是生活上、或是情感上等各方面的問題。因為老師都希望學生能夠成長茁壯，所以我們可以放心依靠老師，不用覺得找老師是不好意思的事情。

> 如果有疑問、有困難，請鼓起勇氣和老師求助。

▶▶ 有時候「報告老師」不是愛告狀

> 我是不是要去找老師來？同學會不會因此被罵呢？

我們現在都還小，遇到解決不了的問題，如果放任不管只會讓情況惡化，所以有時候報告老師是很好的選擇喔！這和愛告狀是不一樣的，我們要試著判斷看看，哪些事情需要請老師幫忙，哪些可以自己處理。

自我管理我最棒

當我們在家裡時，父母是最值得信任的人；而在學校時，老師就是最值得我們依賴的人。當遇到無法解決的困難時，一定要記得向老師求助，有老師幫忙並教導我們一起解決問題，我們才能逐漸學習獨立。

人際筆記

在校外有問題，辨識可以求助的人

　　週末小花一家來到剛開幕的購物中心，小花四處看著各家店面裡的新東西，臉上洋溢著笑容，她被琳琅滿目的商品吸引，等回過神才發現自己和父母走散了。面對陌生的環境，小花保持冷靜先想一想，她看到不遠處的影城大廳前站著一位穿制服的保全叔叔，打算試著向他尋求幫助。

熊博士有話說

▶▶ 保持冷靜，向可以信任的大人求助

在外遇險時，要懂得尋求協助！

出門在外如果和父母走散，或者遇到困難而父母不在身邊，請立刻向可以信任的人求助。不要害怕更不要害羞，及時求助是自我保護的正確方法。因為人生地不熟，很難判斷會不會有危險，最好是待在原地請對方幫忙用電話聯繫父母或報警。

▶▶ 用簡單清楚的句子說清楚狀況

遇到困難不要著急，更不要驚慌，要先冷靜下來，並且向對方說清楚你的狀況，這些清楚的資訊可以提高幫助你的效率。

我叫小花，和爸爸媽媽走散了。

▶▶ 求助警察是最安心的方法

無論何時何地，只要遇到困難，找警察準沒錯！

有的時候路人不一定能幫上忙，或是我們很難判斷誰值得信任，但是我們只要拜託對方幫我們報警，那就能夠稍微安心啦！

自我管理我最棒

我們現在還小，在家裡需要靠父母，在學校依靠老師，而在外面和父母走散時，我們能依靠的就是好心人和警察了。發生突發狀況記得保持冷靜，盡可能待在原地，絕對不能在驚慌之下隨便跟著陌生人走。最好在人多的地方向可以信賴的人求助，譬如穿制服的工作人員、帶著小孩看起來是全家出遊的人，想辦法第一時間聯繫上自己的父母或警察。

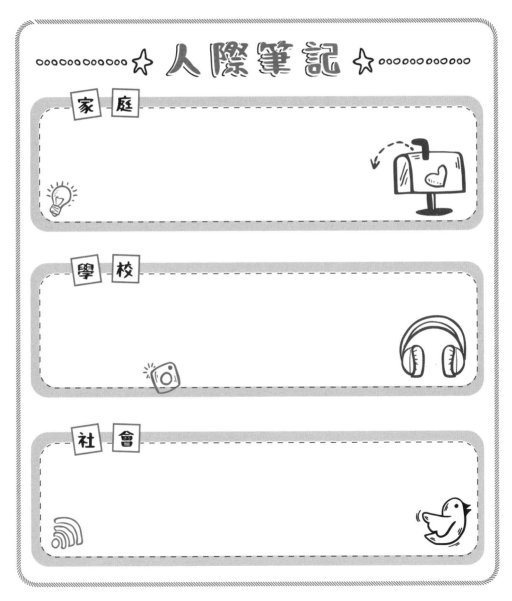

○○○○○○○○○○ ☆ 人際筆記 ☆ ○○○○○○○○○○

家庭

學校

社會

5 珍惜我們所擁有的疼愛和照顧

小壯，你這樣的態度很不懂事。

為什麼今年只有三個禮物，你們要再補給我！

　　小壯的生日到了，他邀請小風和小花來家裡做客。吃飯時間，大家都到齊了正準備開動時，小壯發現沒有喜歡吃的紅燒肉，臉色便非常不好看的抱怨媽媽，接著看到自己的禮物比去年少，小壯立刻開始大發脾氣，哭鬧著要爸爸、媽媽買更多的禮物。小風和小花在一旁看到他這個樣子，覺得應該要和小壯說一說什麼是珍惜的態度。

一分鐘漫畫

小壯，你對父母的態度是不是太隨便了呢？

今天我生日，父母順著我是應該的啊！

那小壯你爸爸、媽媽生日的時候，你有用心準備嗎？

當然沒有，我還是小孩嘛！

熊博士有話說

> 一直都沒幫忙端過菜，以後還是幫個忙吧！

▶▶ 請珍惜家人的關心疼愛

家人照顧我們讓我們輕鬆，那是對我們的愛護和關懷，請珍惜也學著付出，千萬不能把家人的關愛當成他們的義務。

▶▶ 在家要當體貼的暖暖包

爸爸、媽媽寵愛我們，有的時候可能會讓我們忘記應有的禮貌。但是我們可以自己隨時調整態度，懂得珍惜就不會變成小霸王。反而是家裡貼心、懂禮貌的可愛暖暖包，溫暖著父母的心！

> 謝謝媽媽，您也多吃一些！

> 小風，吃點水果吧！

▶▶ 學會照顧家人和分擔家事

> 奶奶，您的腿還痛嗎？我給您搥搥吧！

> 謝謝乖孫女！

既然我們享受被照顧的感覺，我們也可以試著在能力範圍內照顧家人，或是幫忙分擔家事。我們的家庭因為互相關懷、彼此愛護，就能維持和樂融融的感情。

144

自我管理我最棒

爸爸、媽媽和家裡的長輩都這麼照顧我，我要記得心懷感恩，要練習在自己能力所及的範圍內學著照顧大家，像個暖暖包，溫暖家人的心！

人際筆記

....

....

....

....

....

第七章

人際關係當中的
自我保護

如何面對別人的嘲笑？

　　雖然大家都知道小壯是優秀的守門員，但是因為他的身材偏胖，總會有人以此取笑他，這讓小壯的心裡很不開心。這天大家一起踢球時，小壯守住一記射門後，沒想到場邊又有取笑他身材的聲音傳來。小壯因此垂頭喪氣，小風看到後，便跑過來安慰他。

149

▶▶ 嘲笑你的人可能是嫉妒你

> 他還真是靈活的胖子啊！

有些人之所以嘲笑別人，是因為自己做不到別人做得到的事情，感到挫敗和生氣。因此用這種方式發洩一下自己的不滿，來找到他們的心理平衡。雖然他們這樣的行為不好，但我們不用為此感到生氣或難過。

▶▶ 自我調適，嘲笑不自卑反而激勵向上

如果被嘲笑之後陷入失落的情緒而不能自拔，那才是真正的可惜呢！不要輕易被其他人的嘲笑左右，調整自己的心態，時常鼓勵和修正自己，就能讓自己更進步！

> 我現在雖然胖，但我可是全年級的最佳守門員！等我瘦下來，一定更厲害！

自我管理我最棒

面對生活中別人的嘲笑，我能做的就是調整心態後合理地應對，調整自己的心態，學會自我鼓勵，並且修正自己，這樣我就會越來越好了。

人際筆記

2 如何拒絕陌生人的邀請？

　　小風和小花去逛街，在一條巷子裡遇到幾位正在發傳單的姐姐。透過說明後知道原來是一家書店剛開幕，因為位置比較偏僻，所以在人多的地方發傳單。其中一位大姐姐熱情邀請他們去小巷深處的書店看看，說今天還有送小禮物。讓小花聽完後很心動，但是被警覺性高的小風找個藉口拉走了。小花覺得奇怪這麼好的事，不知道小風為什麼不想去看看呢？

▶▶ 拒絕陌生人不用覺得不好意思

好吧！

我家裡還有事，下次再去！

　　有些人覺得拒絕別人會不好意思，所以面對陌生人的邀請很難開口拒絕，但這是完全不用擔心的。因為陌生人的邀請通常帶有目的性，我們為了自己的安全，而拒絕陌生的邀請是可以不用覺得不好意思的喔！

▶▶ 寧可誤判，絕不冒險

　　我們也許會擔心拒絕陌生人的邀請後，發現是自己「以小人之心，度君子之腹」，冤枉陌生人。的確冤枉別人不免會覺得愧疚，但是輕信陌生人卻可能會面臨很大的危險，所以還是提高警覺比較好！

ＸＸ書店

寧可誤判，也絕不冒險！

你看，這間書店是真的開在這裡！

▶▶ 抵制誘惑，小心花言巧語

不要因為誘惑而心動喔！

　　有些心懷鬼胎陌生人為了讓我們上當，會用花言巧語來欺騙我們，或用好處來誘惑我們，所以我們要提高警覺、仔細多觀察。

自我管理我最棒

有些陌生人心懷不軌，會用花言巧語來欺騙我們，所以平時一定要保持警覺和冷靜，不輕信陌生人的話，不輕易接受他們的邀請。

人際筆記

如果遇到壞人該怎麼辦？

同學們，請試著說說看，我們在日常生活中要如何判斷陌生人是不是壞人呢？

生活安全講座

　　學校為了提高學生的安全知識，以安全講座來教學生如何辨認壞人以及遇到危險時如何自救。每個人都積極地表達自己的看法，小壯認為壞人都看起來兇惡，小風的觀點則不同，他認為不能單憑長相去判斷一個人，還要提高警覺去觀察對方的企圖。另外這次安全講座，還讓同學們學到關於自救的小妙招。

一分鐘漫畫

我覺得壞人都長得比較兇！

生活安全講座

有些壞人也長得很親切啊！

長得兇就一定是壞人嗎？

熊博士有話說

嘻嘻，小朋友要被我騙啦！

▶▶ 壞人可不一定長得兇惡

要記得「人不可貌相」，有時候看似親切友善、和藹可親的人也可能是壞人喔！有的人雖然長得醜陋，但是心地善良；而有些人看似慈祥，實際上是笑裡藏刀、不懷好意哦！

▶▶ 壞人可能會順著你以騙取信任

爸爸、媽媽為了教育我們，很可能會禁止我們做一些我們想做但不該做的事。壞人則會利用這一點，願意帶我們去做我們想做的事，來騙取我們的信任。

好啊！叔叔帶你去吧！

唉！人太多了，不能再追了！

救命！

▶▶ 大聲呼救，跑到人多的地方

壞人都怕做壞事時暴露在大眾面前，所以我們要謹記：如果遇到危險，只要有機會，就趕快跑向人多的地方，並且大聲呼救引起大家的注意，這時壞人就不敢再靠近我們了。

▶▶ 家長和老師都是你的保護傘

遇到麻煩後，要第一時間向家長或者老師說明情況！家長和老師一定會堅定地站在我們這邊，做我們最可靠的保護傘，幫助我們度過眼前的難關，解決後續的問題。

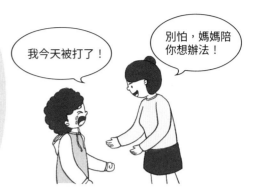

自我管理我最棒

我們明白了，好人不一定友善，壞人不一定看起來兇惡，記得「人不可貌相」，需要靠提高警覺來謹慎分辨接近我們的人。如果遇到壞人，我們要大聲呼救或跑到人多的地方來自救，並及時向家長和老師求助。

人際筆記

知識館 0020

我能管好我自己02：漫畫小學生人際管理

我能管好我自己：漫画小学生社交管理

繪・作者	讀書堂（读书堂）
責任編輯	蔡宜娟
語文審訂	張銀盛（台灣師大國文碩士）
封面設計	張天薪
內頁排版	連紫吟・曹任華

出版發行	采實文化事業股份有限公司
童書行銷	張惠屏・侯宜廷・張怡潔
業務發行	張世明・林踏欣・林坤蓉・王貞玉
國際版權	施維眞・劉靜茹
印務採購	曾玉霞
會計行政	許俶瑀・李韶婉・張婕莛
法律顧問	第一國際法律事務所　余淑杏律師
電子信箱	acme@acmebook.com.tw
采實官網	www.acmebook.com.tw
采實臉書	www.facebook.com/acmebook01
采實童書粉絲團	https://www.facebook.com/acmestory/

ＩＳＢＮ	9786263496095
定　　價	320元
初版一刷	2024 年 4 月
劃撥帳號	50148859
劃撥戶名	采實文化事業股份有限公司
	104台北市中山區南京東路二段95號9樓
	電話：(02)2511-9798　傳眞：(02)2571-3298

國家圖書館出版品預行編目資料

我能管好我自己 . 2, 漫畫小學生人際管理 / 讀書堂
繪 . 作 . -- 初版 . -- 臺北市：采實文化事業股份有限公
司, 2024.04
160 面；16×23 公分 . -- (知識館；20)
ISBN 978-626-349-609-5 (平裝)

1.CST: 人際關係 2.CST: 社交技巧 3.CST: 兒童教育

177.3　　　　　　　　　　　　　113002164

線上讀者回函

立即掃描 QR Code 或輸入下方網址，
連結采實文化線上讀者回函，未來
會不定期寄送書訊、活動消息，並有
機會免費參加抽獎活動。

https://bit.ly/37oKZEa

采實出版集團
ACME PUBLISHING GROUP